일 대 일 양 육 을 위 한

멘토링

12주 | 양육교재 멘티용

박 건 지음

멘토링목회연구원
MENTORING MINISTRY INSTITUTE

시작하는 글

멘토링이란 무엇입니까? 관계를 통하여 영향을 끼치는 모든 과정을 말합니다. 그럼 성경적 멘토링이란 무엇일까요? 하나님께서 나의 삶 가운데 허락해 주신 여러 은혜들을 함께 나누며, 영향을 끼치는 모든 과정이라고 말할 수 있습니다.

그러므로 멘토링을 통하여 하나님의 자녀인 우리들은 계속해서 자라가야 하며 또 다른 사람들을 양육함으로써 세워 가야 합니다. 그런 점에서 일대일 멘토링인 개인 양육은 하나님께서 그의 사랑하시는 자녀들에게 허락하신 중요한 과정이라고 볼 수 있습니다.

어린 아이의 부모는 그 자녀가 무엇보다도 건강하여 잘 자라기를 원하는 것처럼 우리 하나님께서도 그의 영적 자녀가 잘 성장하기를 간절히 원하십니다. 갓난 아이의 상태로 십 년, 이십 년 동안 머물러 있다고 생각해 보십시오. 그것처럼 부모를 고통스럽게 하는 것은 없을 것입니다.

그러면 하나님의 자녀들의 영적성장은 어떻게 할 때 가능할까요? 신령한 젖인 하나님의 말씀을 먹을 때 가능합니다(베드로전서 2:2). 그것이 바로 우리가 성경을 정기적으로 공부해야 하는 이유입니다. 이 과정을 담당할 멘토는 여러분의 이런 성장을 돕기 위해 교회에서 세워졌고 보냄 받은 사람입니다.

이 과정을 시작하게 되신 것을 환영합니다. 이 과정은 주로 일대일로 이루어지며 약 12주간에 걸쳐서 성도의 기본적인 영적 성장의 내용들을 배우게 될 것입니다. 이 양육 멘토링은 멘토와의 개인적인 만남을 통해 함께 삶을 나누며 세워져가는 멘토와 더불어 하는 기초양육과정입니다.

한 과 한 과 성실하게 해 나가다 보면 자신도 모르게 영적으로 성장하는 자신을 발견하게 될 것입니다. 영적 성장의 가치와 기쁨은 그 무엇과도 바꿀 수 없는 하늘의 복입니다. 기대하십시오. 그리고 그것을 당신의 것으로 만드십시오. 하늘의 보화는 바로 여러분 곁에 있습니다.

멘토링목회연구원에서
박 건 목사

차 례

1부

새생명을 얻음

제1과 구원을 어떻게 확신합니까?
제2과 나의 주인은 누구입니까?

제 **1** 과

구원을 어떻게
확신합니까?

마음열기

➜ 서로 소개하며 가족사항 나누기
➜ 지난 주간에 있었던 감사했던 일 나누기
➜ 지난 주일 설교에서 받은 은혜 나누기
➜ 찬송 부르기: 찬송가 "나 같은 죄인 살리신"

묵상하기

밧줄인가 통나무인가?

오래 전에 나이아가라 폭포 상류에서 배가 한 척 뒤집혔습니다. 그 배에는 두 사람이 타고 있었는데 이 사람들을 구하려고 강가에서 밧줄을 던졌습니다. 그랬더니 한 사람은 그것을 붙잡고 살아 나왔는데 다른 한 사람은 밧줄을 붙잡지 않고 때마침 떠내려 오던 큰 통나무를 붙잡았습니다.

그랬더니 그 나무는 사람을 실은 채 폭포로 떨어져서 흔적도 없이 죽고 말았습니다. 왜 그렇습니까? 그 나무토막은 강가에 있는 사람과 연결되지 않았기 때문입니다. 그 나무가 크기는 했어도, 붙잡기는 좋았어도 구출 받는 데는 아무 소용이 없었습니다.

이와 같이 인간의 공로나, 희생이나, 수양이나, 지식은 다 좋아 보이기는 합니다. 그러나 그것들이 우리를 구원을 받게 하지는 못합니다. 오직 그리스도를 믿는 믿음만이 하나님의 위대한 손과 연결이 되는 것입니다.

구원은 우리를 향한 하나님의 가장 큰 선물입니다. 구원은 사람에게 있어 생명과도 같은 것입니다. 구원은 하나님의 자녀가 되는 것이며 하늘나라의 시민으로 거듭나는 것을 의미합니다. 하나님과의 관계는 이 구원을 얻으면서부터 시작됩니다. 이 과를 통해 나 자신이 하나님과 어떤 관계에 있는지, 그리고 자신의 구원을 꼭 확인하시기를 바랍니다.

1. 이 세상에서 최고의 선물은 무엇이라고 생각합니까?

그것은 바로 _____ 입니다.

로마서 6:23

_____

_____

_____

2. 그런데 왜 많은 사람들은 이 영생의 선물을 받지 못하는 것일까요?

로마서 3:23

_____

_____

3. 죄란 무엇입니까?

1) _____ 을 떠나 있는 것이 죄입니다.

이사야 53:6

_____

_____

_____

2) _____ 을 벗어난 행동을 하는 것이 죄입니다.

    로마서 2:15

_____

_____

3) 하나님의 말씀, _____ 을 어긴 것이 죄입니다.

    에베소서 2:1

_____

_____

_____

4) 예수님을 _____ 지 않는 것이 죄입니다.

    요한복음 16:9

_____

_____

_____

4. 그러므로 이 세상에서 죄를 짓지 않은 사람은 _____ 도 없습니다.

    로마서 3:10

    로마서 3:23

_____

_____

_____

5. 우리 죄에 대한 결과는 무엇입니까?

1) 사람이 한 번 죽으면 그 후로는 _____ 이 있습니다.

　　히브리서 9:27

_____

_____

2) 죄에 대한 심판의 결과는 _____ 입니다.

　　로마서 6:23

_____

_____

3) 둘째 사망이란 불과 _____ 으로 타는 못에 들어감을 말합니다.

　　요한계시록 21:8

_____

_____

6. 사람의 선행이나 노력으로는 _____ 에 이를 수 없습니다.

　　에베소서 2:8,9

_____

_____

7. 하나님은 그리스도를 통하여 죄인들에 대한 _____ 을 보여주셨습니다.

로마서 5:8

_____

_____

_____

8. 예수 그리스도에 대한 믿음이 그 해답입니다.

1) 요한복음 5장 24절에 의하면 사람이 구원을 얻는 두 가지 조건은 무엇입니까?

요한복음5:24

_____

_____

_____

2) _____ 사람들만이 그의 모든 죄를 용서받습니다.

사도행전 10:43

_____

_____

_____

3) 믿는다는 것은 예수 그리스도를 _____ 하는 것입니다.

요한복음 1:12

_____

_____

_____

9. 요한계시록 3장 20절에 의하면 _____ 의 문을 열므로 예수님을 영접
할 수 있습니다.

    요한계시록 3:20

    _____

    _____

    _____

10. 하나님의 _____ 이 있는 사람에게 영생이 있습니다.

    요한일서 5:11,12

    _____

    _____

    _____

11. 영생을 소유한 자는 영원히 _____ 않습니다.

    요한복음 10:28,29

    _____

    _____

    _____

    로마서 8:38,39

    _____

    _____

※ 결코 잃을 수 없습니다. 그 누구도, 그 무엇도 하나님의 사랑에서 우리를
끊을 수 없습니다.

✳ 외워쓰기 : 요한복음 1:12

✳ 은혜의 나눔 : 당신은 구원을 받았다고 확신합니까? 어떻게 확신하게 되었습니까?

_____

_____

✳ 적용 질문 : 당신이 만일 오늘 죽는다면 천국에 갈 수 있습니까?

_____

_____

_____

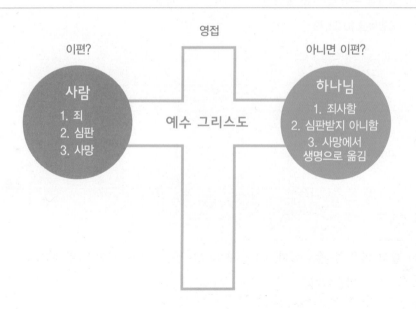

끝마무리

➔ 다음 주 과제 : 어떤 말씀에 근거해 구원의 확신을 얻었는지 적어오기

➔ 기도제목 나누기

➔ 기도제목을 가지고 함께 기도하기

➔ 다음 번에 만날 시간과 장소 정하기

멘토링 교실 : 멘토(Mentor)란?

"멘토는 다른 사람을 성숙시키고 또 계속 성숙해 가도록 도와주며 그가 그 자신의 생애의 목표를 발견하도록 도와주는데 자신을 헌신한 사람이다." (Howard Hendricks)

"멘토는…
– 어떤 기관이나 전문 영역의 리더로서 상위의 수준을 가진 사람이다.
– 어떤 영역에서 어떤 영향력을 가진 사람이다.
– 멘티(mentee : 멘토링을 받는 사람)의 성장과 개발에 진정으로 관심을 가진 사람이다.
– 개인적인 관계와 지도를 위해 시간과 감정적 에너지를 기꺼이 헌신하려는 사람이다."** (Ted W. Engstrom)

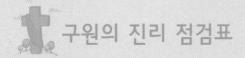

구원의 진리 점검표

❷ **다음 중 자신에게 해당하는 것에 ○표 하세요.**

(   ) 1. 구원을 받았다.
(   ) 2. 영생을 얻었다.
(   ) 3. 죄사함을 받았다.
(   ) 4. 의롭다함을 받았다.
(   ) 5. 성령을 받았다.
(   ) 6. 거듭 태어났다.
(   ) 7. 하나님의 자녀가 되었다.
(   ) 8. 예수님을 영접했다.
(   ) 9. 예수님을 믿는다.
(   ) 10. 성령의 인치심을 받았다.
(   ) 11. 하나님과 화목하게 되었다.
(   ) 12. 천국시민이 되었다.
(   ) 13. 예수님의 몸 된 교회의 지체가 되었다.

❷ **다음 성경의 진리 중 믿어지는 것에 ○표 하세요.**

(   ) 1. 하나님은 살아계신다.
(   ) 2. 하나님은 천지를 창조하셨다.
(   ) 3. 예수님은 하나님의 아들이시고 죄가 없으시다.
(   ) 4. 모든 성경은 하나님의 말씀이다.
(   ) 5. 예수님은 동정녀에게서 탄생하셨다.
(   ) 6. 모든 사람은 죄인이다.
(   ) 7. 예수님은 십자가에서 모든 사람을 대신해서 돌아가셨다.
(   ) 8. 예수님은 사흘 만에 부활하셨다.
(   ) 9. 예수님은 다시 오신다.
(   ) 10. 예수님만이 유일한 구원자이시다.
(   ) 11. 선행이나 인간의 공로로 천국에 들어갈 수 없다.
(   ) 12. 예수님을 믿도록 하시는 분은 성령이시다.
(   ) 13. 구원은 다시 잃어버릴 수 없다.
(   ) 14. 성부 · 성자 · 성령은 한 하나님이시다.
(   ) 15. 우리 인생의 목적은 오직 하나님의 영광을 위해서이다.

제**2**과

나의 주인은
누구입니까?

마음열기

➜ 지난 주간에 있었던 감사했던 일 나누기
➜ 지난 주일 설교에서 받은 은혜 나누기
➜ 지난 주 과제물 나누기
➜ 찬송 부르기 : 찬송가 "주는 나를 기르시는 목자"

묵상하기

어린아이 트랙터운전사

미국 달라스 시내 한복판에서 일어난 일입니다. 갑자기 경찰차가 사이렌 소리를 요란하게 내면서 달려옵니다. 달리던 차들이 일제히 운행을 중지하고 섰습니다. 무슨 일인가 하고 알아보니까, 큰 트랙터가 시내로 들어 왔는데 여섯 살쯤 되어 보이는 어린 아이가 핸들을 잡고 있었습니다. 만약 그 아이가 핸들을 잘못 돌려서 트랙터가 건물을 받는 날이면 큰일입니다. 그래서 그 트랙터를 정지시키기 위해 경찰차가 요란하게 사이렌을 울리면서 트랙터 곁으로 달려왔습니다. 그런데 트랙터를 멈추게 하고 보니 어린아이가 트랙터를 운전한 것이 아니었습니다. 그 아이의 아빠가 어린 아이를 어깨 위에 태워서 운전하고 있었는데 마치 어린 아이가 운전하고 있는 것처럼 보였던 것입니다.

그렇습니다. 우리가 주인 되신 하나님께 전폭적으로 맡기면 다른 사람들이 보기에는 인생의 핸들을 내가 잡은 것같이 보이나 실은 하나님께서 잡고 있는 것입니다.

우리는 예수 그리스도를 믿을 때 그분을 우리의 삶의 주인으로 모십니다. 지금까지 내 마음대로 살았던 삶의 방향과 목적이 바뀌는 것입니다. 예수님이 나의 모든 생각과 말과 행동에 있어서 주인이 되는 것입니다. 나의 모든 것에 대한 소유권이 주님에게로 이전되는 것이며, 모든 일에 대한 결정권이 바뀌는 것입니다.

1. 예수님은 나와 어떤 관계입니까?

1) 우리가 예수님을 영접하는 것은 예수 그리스도를 _____ 으로 받아들이는 것을 의미합니다.

로마서 10:9

_____

_____

2) 예수님은 _____ 믿는 자의 주인이 되십니다.

로마서 14:7-9

_____

_____

2. 예수님을 영접한 후에도 육신에 속한 그리스도인이 있습니다. 육신에 속한 그리스도인의 특징은 무엇입니까?

1) _____ 와 같습니다.

고린도전서 3:1

_____

_____

_____

2) 밥을 먹지 못하고 _____ 을 먹는 수준입니다.

고린도전서 3:2

_____

_____

_____

3) 분별력이 없고 _____ 따라 행합니다.

고린도전서 3:3

_____

_____

_____

4) _____ 을 생각할 줄 모릅니다.

디모데후서 3:2

_____

_____

_____

5) _____ 와 _____ 을 일으키기 쉽습니다.

고린도전서 3:3

_____

_____

_____

6) 하나님의 뜻보다는 _____ 의 생각과 계획을 앞세웁니다.

고린도전서 3:4

_____

_____

_____

3. 그리스도인들의 속에 있는 두 가지 소욕(所欲, 욕망)은 어떤 것입니까?

갈라디아서 5:17

_____

_____

_____

1) _____ 의 소욕입니다.

2) _____ 의 소욕입니다.

4. 그러나 이 두 소욕 사이에는 항상 _____ 이 있습니다.

갈라디아서 5:17

_____

_____

5. 우리는 성령의 소욕을 _____ 하게 만들어야 합니다.

_____

_____

6. 우리가 육체의 욕심을 이기려면 어떻게 해야 합니까?

1) 육체와 함께 정과 욕심을 _____ 에 못 박아야 합니다.

   갈라디아서 5:24

   _____

   _____

   _____

2) _____ 을 좇아 행하는 삶을 살아야 합니다.

   갈라디아서 5:16

   _____

   _____

   _____

3) 육체의 정욕을 _____ 해야 합니다.

   베드로전서 2:11

   _____

   _____

   _____

4) _____ 을 좇아야 합니다.

   디모데후서 2:22

   _____

   _____

   _____

7. 자기 십자가를 진다는 말은 자신에 대하여 _____ 것을 의미합니다.

누가복음 9:23

_____

_____

_____

8. 하나님 아버지에 대해 예수님은 철저히 _____ 하셨습니다.

누가복음 22:42

_____

_____

_____

9. 사도 바울은 어떻게 예수님의 주님되심을 인정했습니까?

1) 주님 _____ 시니이까?

사도행전 22:8

_____

_____

_____

➜ 예수님이 누구신가 확인했습니다.

2) 주님 _____ 을 하리이까?

사도행전 22:10

_____

_____

_____

10. 삼손의 부모인 마노아 부부는 자녀 양육에 관해 어떻게 했습니까?

　　사사기 13:12

_____

_____

_____

11. 한 사람이 두 ＿＿＿＿＿＿＿ 을 동시에 잘 섬길 수 없습니다.

　　마태복음 6:24

_____

_____

_____

12. 갈라디아서 2:20 말씀에 따르면 나는 이제 누구를 위해 살아야 합니까?

　　갈라디아서 2:20

_____

_____

_____

＊ 외워쓰기 : 누가복음 9:23

* 은혜의 나눔 : 이 시간에 예수님의 주인되심에 대해 새롭게 배운 것은 무엇입니까?

_____

_____

_____

* 적용 : 당신의 삶의 영역 가운데 아직 주님의 주인되심을 인정치 못한 대상이나 영역은 무엇이며 그것을 어떻게 하겠습니까?

●● 물질, 시간사용, 직업, 학업, 취미생활, 친구관계, 배우자, 자녀, 진로문제 등에 대한 결정권이 누구에게 있는지 점수로 확인해봅니다.

각 항목 당 1-10점씩을 스스로 매겨 봅니다. (1점은 완전히 내 마음대로 결정하는 단계, 10점은 완전히 하나님께 맡긴 상태)

1. 일의 결정권   (1 2 3 4 5 6 7 8 9 10)
2. 소유권   (1 2 3 4 5 6 7 8 9 10)
3. 배우자 문제   (1 2 3 4 5 6 7 8 9 10)
4. 물질   (1 2 3 4 5 6 7 8 9 10)
5. 시간   (1 2 3 4 5 6 7 8 9 10)
6. 직업 혹은 학업 (1 2 3 4 5 6 7 8 9 10)
7. 부모, 자녀문제 (1 2 3 4 5 6 7 8 9 10)
8. 취미생활   (1 2 3 4 5 6 7 8 9 10)
9. 친구관계   (1 2 3 4 5 6 7 8 9 10)
10. 미래와 장래 (1 2 3 4 5 6 7 8 9 10)

끝마무리

➜ 다음 주 과제 : 예수님을 나의 주인으로 인정하는
　 글을 써오기

➜ 기도제목 나누기

➜ 기도제목을 가지고 함께 기도하기

➜ 다음 번에 만날 시간과 장소 정하기

2부

영적으로 자라감

제 **3** 과
어떤 기도가
응답됩니까?

➜ 지난 주간에 있었던 감사했던 일 나누기
➜ 지난 주일 설교에서 받은 은혜 나누기
➜ 지난 주 과제물 나누기
➜ 찬송 부르기: 찬송가 "너 예수께 조용히 나가"

식사기도와 믿음

조지 뮬러는 고아의 아버지로 불립니다. 그는 믿음의 기도로 6천 명의 고아들을 길렀습니다. 어느 날 고아원에 양식이 떨어졌답니다. 주방에서 뮬러에게 말합니다. "양식이 다 떨어졌습니다." "염려할 것 없네. 종을 치고 아이들을 식당으로 모으게." 종을 치자 아이들이 우르르 식당으로 몰려들었습니다. 식탁 위에는 빈 그릇만 뎅그러니 놓여 있었습니다.

뮬러는 아이들에게 말했습니다. "여러분 이제 머리 숙여 일용할 양식을 주신 하나님께 기도를 드립시다." 아이들이 수군대기 시작했습니다. "빈 그릇을 놓고 무슨 기도야?" 이 소리를 들은 뮬러는 "염려하지 마세요. 하나님께서 곧 주실 것입니다"라고 했습니다. 아이들이 고개를 숙이자 뮬러는 간절히 기도했습니다. 기도가 막 끝나자마자 문 두드리는 소리가 나더니 어떤 낯선 신사가 인부를 시켜 큰 통 몇 개를 가지고 들어섰습니다.

"뮬러 선생님 오래전부터 뭔가 도와드리려고 생각했었는데 오늘에야 가지고 왔습니다." 통 속에는 야채, 고기, 빵 등이 가득 들어 있었습니다. 빈 접시를 놓고 기도하는 뮬러는 믿음의 기도를 드린 것입니다. 이것이 하나님의 기뻐하시는 기도입니다.

기도는 신자에게 있어 영적호흡과 같습니다. 하나님은 우리와 이 기도를 통해 대화하기를 간절히 원하십니다. 성도님은 하나님과 어떻게 대화하고 계십니까? 하나님은 우리와의 대화를 위해 지금도 기다리고 계십니다. 이 과를 통해 주님과 늘 교제하는 삶을 사시며 간구하는 기도마다 응답이 있기를 바랍니다.

1. 기도란 무엇입니까?

1) 하나님과 _____ 하는 것입니다.

출애굽기 33:11

_____

_____

2) 나의 _____ 를 구하는 것입니다.

마태복음 7:7

_____

_____

_____

마태복음 7:11

_____

_____

3) 하나님의 _____ 이 나타나는 통로입니다.

야고보서 5:16,17

_____

_____

4) 하나님의 _____ 을 이루는 것입니다.

　民수기 20:12

_____

_____

2. 예수님의 이름으로 기도할 때 기쁨이 충만한 _____ 이 있습니다.

　요한복음 16:24

_____

_____

➡ **예수님의 이름으로 하는 기도라야 응답으로 기쁨이 충만케 됩니다.**

3. 성경이 말씀하시는 응답받는 기도에는 6가지 조건이 있습니다.

1) 하나님의 _____ 구해야 합니다.

　요한일서 5:14

_____

_____

_____

2) _____ 구해야 합니다.

　예레미야 33:3

_____

_____

3) _____ 구해야 합니다.

　　마가복음 11:24

_____

_____

_____

4) _____ 구해야 합니다.

　　누가복음 18:1

_____

_____

_____

5) _____ 구해야 한다.

　　에베소서 6:19

_____

_____

_____

6) _____ 구해야 합니다.

　　마태복음 18:19

_____

_____

➜ **위의 여섯 조건의 첫 글자를 연결하면 "뜻뜨믿지구함"이므로 "뜻뜨미지근**
한 기도의 삶을 삽시다!" 로 기억합니다.

4. 기도의 응답을 방해하는 장애물은 무엇입니까?

1) _____으로 쓰려고 잘못 구하는 것입니다.

  야고보서 4:3

_____

_____

2) _____ 을 품으면 듣지 않으십니다.

  시편 66:18

_____

_____

➡ **죄악을 품으면 하나님의 응답은커녕 하나님과의 교제도 단절되고 하나님**
의 죄에 대한 책망과 보응이 있으십니다.

3) _____ 하는 기도를 듣지 않으십니다.

  야고보서 1:6,7

_____

_____

4) 마음속의 _____ 이 있을 때 듣지 않으십니다.

  에스겔 14:3

_____

_____

5) 마음속의 _____ 이나 원한을 품을 때 듣지 않으십니다.

마 5:23,24

_____

_____

5. 기도할 때에 어떤 내용으로 기도해야 합니까?

1) _____ 의 기도

시편 150:1, 2

_____

_____

2) _____ 의 기도

요한일서 1:9

_____

_____

3) _____ 의 기도

빌립보서 4:6,7

_____

_____

4) _____ 의 기도

에베소서 6:18

_____

_____

5) 자신을 위한 _____ 의 기도

　마태복음 7:7

_____

_____

＊외워쓰기 : 요한복음 15:7

[　　　　　　　　　　　　　　　　　　　　　　　　　　　]

＊은혜의 나눔 : 이 시간에 기도에 대해 새롭게 배운 것은 무엇입니까?

_____

_____

_____

＊적용

　1. 문제 5번처럼 기도의 5영역에 따라 잠시 기도해 보십시오.

_____

_____

_____

　2. 하루 중 언제 어디서 몇 분간 하나님께 기도하는 시간을 갖겠습니까?

_____

_____

➔ 다음 주 과제 : 교회의 기도모임에 한 번 이상 참석 하기(예: 새벽기도 혹은 심야기도회 등)

➔ 기도제목 나누기

➔ 기도제목을 가지고 함께 기도하기

➔ 다음 번에 만날 시간과 장소 정하기

제 **4** 과
어떻게 영적으로 자라가야 합니까?

마음열기

→ 지난 주간에 있었던 감사했던 일 나누기
→ 지난 주일 설교에서 받은 은혜 나누기
→ 지난 주 과제물 나누기
→ 찬송 부르기 : 찬송가 "달고 오묘한 그 말씀"

묵상하기

우물물의 상급

하루는 한 임금이 신하들에게 명령을 했습니다. 두레박을 모두 주면서 왕궁 안 우물의 물을 모두 퍼서 밖에다 부으라고 하였습니다. 그 때에 모든 신하들은 쓸데없는 일을 시킨다고 수군수군 임금님을 비난하면서 제대로 일을 하지 않고 빈둥거리기만 하였습니다. 그러나 충성스러운 한 신하는 "임금님의 명령을 어찌 거역하리요" 하면서 하루 종일 물을 퍼서 부으니 우물물이 다 줄어 없어졌습니다.

이 때 신하가 더 이상 두레박에 물이 떠지지 않자 우물을 내려다보았더니 우물 밑에 누런 황금덩이가 번쩍 거리는 것을 발견하였습니다. 그래서 이것을 건져 올려 임금님께 드렸습니다. 그랬더니 임금님은 매우 기뻐하면서, "이것은 충성하는 자가 얻을 상금이니 그대에게 하사하노라"고 하였답니다.

하나님의 말씀은 오늘날 우리를 위해 주신 것입니다. 그 말씀을 온전히 믿고 순종하면 하나님의 상급이 반드시 주어집니다. 아무리 작은 것이라도 하나님의 말씀을 지키며 순종하시기 바랍니다.

"밤이 새도록 수고하였으되 잡은 것이 없지마는 말씀에 의지하여 내가 그물을 내리리이다" 누가복음 5:5

하나님의 말씀은 그 자체가 능력입니다. 하나님께서는 그 자녀들이 하나님의 뜻을 알며 말씀 가운데 살며, 말씀과 더불어 살며, 말씀에 의지해 살기를 원하십니다. 이번 과에서는 하나님의 말씀이 어떤 능력이 있으며 말씀을 어떻게 해야 나의 것으로 삼고 또 말씀이 어떤 역할을 하는지에 대해 공부합니다.

1. 하나님의 말씀은 갓난아이에게 있어 _____ 과 같다.

베드로전서 2:2

_____

_____

_____

2. 하나님의 말씀은 어떤 능력이 있습니까?

1) _____ 를 창조하신 능력이 있습니다.

창세기 1:3

_____

_____

요한복음 1:3

_____

_____

2) _____ 을 살리는 능력이 있습니다.

베드로전서 1:23

_____

_____

_____

3) 마음의 생각과 뜻을 _____ 하는 능력이 있습니다.

　히브리서 4:12

_____

_____

_____

4) 교훈과 책망과 바르게 함과 의로 교육하는 능력이 있습니다.

　디모데후서 3:16

_____

_____

_____

3. 하나님의 말씀을 섭취하는 5가지 방법은 무엇입니까?

1) 하나님의 말씀을 _____ 어야 합니다.

　요한계시록 2:7

_____

_____

_____

2) 하나님의 말씀을 _____ 어야 합니다.

　요한계시록 1:3

_____

_____

_____

3) 하나님의 말씀을 바르게 _____ 해야 합니다.

　　디모데후서 2:15

_____

_____

　　사도행전 17:11

_____

_____

4) 하나님의 말씀을 _____ 해야 합니다.

　　잠언 3:3

_____

_____

_____

5) 하나님의 말씀을 _____ 해야 합니다.

　　시편 1:2

_____

_____

_____

4. 말씀을 지키는 자가 되어야 합니다.

1) 예수님을 사랑하는 자는 말씀을 _____ 자입니다.

　　요한복음 14:21

_____

_____

_____

2) 예수님은 말씀을 듣고 _____ 자가 지혜로운 자라고 말씀하셨습니다.

마태복음 7:24

_____

_____

_____

5. 말씀을 지키는 자에게는 어떤 유익이 있습니까?

1) 앞길이 평탄하게 되고 _____ 하게 됩니다.

여호수아 1:8

_____

_____

_____

2) 장수와 _____ 의 복이 더해지게 됩니다.

잠언 3:1,2

_____

_____

_____

3) _____ 하여지고 하나님이 약속하신 것들을 얻습니다.

신명기 11:8

_____

_____

6. 말씀의 역할은 무엇입니까?

1) 말씀은 우리의 앞길에 _____ 의 역할을 합니다.

시편 119:105

_____

_____

2) 하나님의 말씀은 _____ 에 비유되고 있습니다.

에베소서 6:17

_____

_____

3) 하나님의 말씀은 _____ 에 비유되고 있습니다.

마태복음 4:4

_____

_____

4) 하나님의 말씀은 _____ 에 비유되고 있습니다.

마가복음 4:20

_____

_____

5) 하나님의 말씀은 _____ 에 비유되고 있습니다.

고린도전서 10:11

_____

_____

＊ 외워쓰기 : 디모데후서 3:16

＊ 은혜의 나눔 : 이 시간에 '하나님의 말씀'에 대해 새롭게 배운 것은 무엇입니까?

_____

_____

_____

＊ 적용 : 하나님의 말씀을 섭취하는 5가지 방법을 어떻게 실천하겠습니까?

1) 듣기 :

_____

2) 읽기 :

_____

3) 공부 :

_____

4) 암송 :

_____

5) 묵상 :

_____

➜ 다음 주 과제 : 성경순서를 약자로 외워보세요(다음 페이지 참고)

➜ 기도제목 나누기

➜ 기도제목을 가지고 함께 기도하기

➜ 다음 번에 만날 시간과 장소 정하기

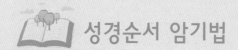

성경순서 암기법

<성경의 책명 및 약자>

◆ 구약성경

창-창세기 출-출애굽기 레-레위기 민-민수기
신-신명기 수-여호수아 삿-사사기 룻-룻기
삼상-사무엘상 삼하-사무엘하 왕상-열왕기상 왕하-열왕기하
대상-역대상 대하-역대하 스-에스라 느-느헤미야
에-에스더 욥-욥기 시-시편 잠-잠언
전-전도서 아-아가서 사-이사야 렘-예레미야
애-예레미야애가 겔-에스겔 단-다니엘 호-호세아
욜-요엘 암-아모스 옵-오바댜 욘-요나
미-미가 나-나훔 합-하박국 습-스바냐
학-학개 슥-스가랴 말-말라기

◆ 신약성경

마-마태복음 막-마가복음 눅-누가복음 요-요한복음
행-사도행전 롬-로마서 고전-고린도전서 고후-고린도후서
갈-갈라디아서 엡-에베소서 빌-빌립보서 골-골로새서
살전-데살로니가전서 살후-데살로니가후서 딤전-디모데전서 딤후-디모데후서
딛-디도서 몬-빌레몬서 히-히브리서 약-야고보서
벧전-베드로전서 벧후-베드로후서 요1-요한1서 요2-요한2서
요3-요한3서 유-유다서 계-요한계시록

성경 66권 암기를 위한 지침

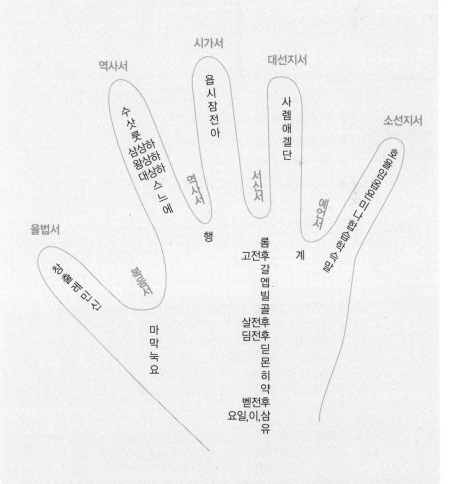

시가서

역사서

대선지서

소선지서

율법서

욥
시
잠
전
아

역사서

행

사
렘
애
겔
단

서신서

예언서

학 습 말

계

수 삿 룻 상 상 하 하
삼 삼 하 하
왕 왕 스 느
대 대
하 에

롬
고전후
갈 엡 빌 골
살전후
딤전후 딛 몬 히 약후
벧전후
요일, 이,삼
유

창 출 레 민 신

성역사

마 막 눅 요

제 **5** 과
무엇에 우선순위를 두어야 합니까?

→ 지난 주간에 있었던 감사했던 일 나누기
→ 지난 주일 설교에서 받은 은혜 나누기
→ 지난 주 과제물 나누기
→ 찬송 부르기 : 찬송가 "주 예수 보다 더 귀한 것은 없네"

시간이 없어요

　너무 바빠서 정말로 너무 바빠서 무릎 꿇어 기도할 시간이 없었습니다. 어떤 때는 예배가 끝나기도 전에 설교만 듣고 서둘러 일어나야 했습니다. 기독교인으로서의 의무는 다했다 싶어 그래도 마음만은 편했답니다. 하루가 다 가도록 누군가에게 따뜻한 말 한마디 해줄 시간이 조금도 없었습니다. 그리스도에 관해 이야기할 시간도 전혀 없었습니다. 그들이 나를 비웃을까봐 겁이 나기도 했었고요. "시간이 없어요." 이것이 항상 나의 외침이었습니다. 드디어 생명이 다하는 시간이 되었습니다. 하나님 앞에 불려 갔을 때 하나님의 손에는 한 권의 책이 들려 있었습니다. 하나님은 생명록을 펼치시더니 말씀하셨습니다. "네 이름은 여기 없구나! 한때 너의 이름을 기입하려고 했었는데, 시간이 없었단다."
　현대의 기독교인들은 바쁜 일정에 쫓기며 "시간이 없어요"를 연발하며 살아갑니다. 기도할 시간이 없고 예배도 겨우 참석하며 그리스도의 이름으로 세상 사람들에게 따뜻한 관심을 보일 여유도 없어 보입니다. 그러나 하루하루 쌓이는 이 바쁜 일상생활은 나중에 우리의 영혼이 심판받는 날에 이르면 돌이킬 수 없는 엄청난 결과를 초래하기에 이릅니다. 혹시 이렇게 반문할지 모릅니다. "이렇게 바쁘게 서둘지 않으면 살아갈 수 없는데 어떡하란 말인가요? 어렵게 꾸려가는 생업과 세상의 모든 인간관계를 포기하란 말인가요?" 그렇습니다. 둘 다 감당할 수가 없다면 하나를 포기할 수밖에 없습니다. 그러기에 신앙은 판단의 문제가 아니라 결단의 문제입니다. 그것은 또한 물밀듯이 밀려와 우리의 시간을 압박하는 숱하게 많은 일들 가운데 어디에다 우선순위를 둘 것인가를 결단해야 한다는 뜻이 아니겠습니까? – 작자미상

우리의 성숙한 신앙생활은 우선순위에 달려 있다고 해도 과언이 아닐 것입니다. 무엇을 먼저 해야 하고 무엇을 나중에 해야 할지 그것이 분명해진다면 보다 열매 맺는 삶을 살게 될 것입니다. 이 우선순위를 바르게 적용함으로 맡겨진 일들을 잘 감당하시기를 바랍니다.

1. 우선순위(優先順位)란 무엇입니까?

"일이 겹쳤을 경우나 혹은 일의 중요도에 따라서

_____ 해야 할 일의 _____ "

➡ 성경에서는 무엇을 먼저 하라고 말씀하고 있습니까?

마태복음 5:24

_____

_____

_____

마태복음 6:33

_____

_____

_____

➡ 우리는 두 가지 이상의 일이 겹쳤을 때에 대개 그 일들을 동시에 할 수 없습니다. 그럴 때 이 우선순위가 적용이 되어야 합니다.

2. 우선순위를 왜 우리의 삶에 적용해야 합니까?

  1) 우리의 생애가 _____ 기 때문입니다.

  시편 90:10

  _____

  _____

  2) _____ 을 잘하고, 하나님께서 주신 기회를 놓치지 않고 선용하

  도록 하기 위함입니다.

  에베소서 5:15,16

  _____

  _____

  _____

  3) _____ 일을 잘 하기 위해서입니다.

  고린도전서 4:2

  _____

  _____

3. 예수님은 짧으신 생애에도 불구하고 _____ 일을 다 이루셨습니다.

  요한복음 19:30

  _____

  _____

  _____

4. 예수님의 사역의 우선순위는 하나님과의 _____ 에 있으셨습니다.

누가복음 5:15,16

_____

_____

_____

5.성경에서는 어떤 일에 우선순위를 두고 있습니까?

1) 하나님과의 _____

누가복음 5:15,16

_____

_____

_____

2) 그의 나라와 _____ 를 구하는 일

마태복음 6:33

_____

_____

3) 주께 기쁘시게 할 일들

에베소서 5:9,10

_____

_____

_____

6. 우리의 삶의 우선순위에서 버려야 할 것은 무엇이라고 말씀하십니까?

에베소서 5:11

_____

_____

_____

7. 위의 6번의 말씀을 기초로 하여 당신의 삶의 우선순위를 세워보시기 바랍니다.

예) 집안 일/ 교회 일/ 하나님과의 교제/ 취미생활/ 직장 일(학생인 경우는
공부) 기타 잡일 중에서 아래에 우선순위를 세워보십시오. 그리고 그 이유
를 간단히 설명해보세요.

1) _____

2) _____

3) _____

4) _____

5) _____

6) _____

※ 물론 일반적인 경우의 순서를 정하는 것입니다. 특별한 경우는 달라질 수
있습니다.

※ 예수님이라면, 혹 바울이라면 어찌 했을까를 생각하는 것도 도움이 됩니다.

8. 삶의 우선순위 적용을 위한 몇 가지 제안

1) 우선순위에 따라 주간, 월간, 연간 계획을 세웁니다.

2) 계획에 대한 평가의 시간을 반드시 가지세요.

3) 한 번에 하나씩 집중적으로 합니다.

4) 긴급한 일보다는 중요한 일에 실패하지 않도록 합니다.

5) 거절의 지혜를 배우십시오. 계획에 없는 일이나 불필요한 시간 낭비에 주의합니다.

6) 계획은 여유 있게 세우는 것이 좋습니다. 일주일에 하루 저녁 정도는 비워두세요.

＊ 외워쓰기 : 마태복음 6:33

＊ 은혜의 나눔 : 이 시간에 우선순위에 대해 새롭게 배운 것은 무엇입니까?

_____

_____

＊ 적용 :

1. 당신의 삶에서 우선순위에 어긋나는 것은 무엇이며 어떻게 고쳐나가겠습니까?

_____

_____

2. 당신의 삶 속에 주님이 원치 않는 열매 없는 일에 시간을 드리는 일이 있다면 무 엇이며, 이것을 어떻게 하겠습니까?

_____

_____

끝마무리

➡ 다음 주 과제 : 이 시간에 배운 대로 주간 시간 계 획표를 세워 오시기 바랍니다.

➡ 기도제목 나누기

➡ 기도제목을 가지고 함께 기도하기

➡ 다음 번에 만날 시간과 장소 정하기

제**6**과

어떻게 말씀을
묵상해야 합니까?

→ 지난 주간에 있었던 감사했던 일 나누기
→ 지난 주일 설교에서 받은 은혜 나누기
→ 지난 주 과제물 나누기
→ 찬송 부르기: 찬송가 "나의 갈 길 다가도록"

묵상과 공급

되새김질하는 동물들은 먹이를 재빨리 대강 씹어 삼킵니다. 그런 후 아침 10시쯤 되어 해가 뜨거워지면 젖소는 그늘에 누워 첫 번째 위로부터 음식을 조금씩 입으로 토해냅니다. 이번에는 그것을 철저히 씹습니다. 그리하여 음식물을 둘째, 셋째, 넷째 위로 보내어집니다. 마침내 소화된 음식물은 그 동물의 피 속에 흡수되어 문자 그대로 그 동물의 생명의 일부가 되는 것입니다.

되새김질과 묵상은 동의어입니다. 다시 꺼낸 음식물을 소가 씹을 때마다 영양분은 풀로부터 빠져 나와 소의 침과 혼합되어 다른 위로 보내어집니다. 음식물로부터 빼낸 영양분은 문자 그대로 소의 혈액의 일부가 되는 것입니다. 이처럼 우리가 하나님의 말씀을 묵상할 때, 영적 영양분이 말씀을 통해 예수님으로부터 흘러나와 우리 영적 혈액의 일부가 됩니다. 성경말씀은 우리가 예수님으로부터 영적 영양분을 공급받는 주된 수단입니다.

– 「묵상」, 짐 다우닝

이 과에서는 하나님의 말씀을 섭취하는 다섯 가지 방법 가운데 하나인 경건의 시간에 대해 공부합니다. 경건의 시간은 "하나님의 말씀을 일정한 본문을 가지고 매일 묵상하는 시간"을 말합니다. 즉 말씀을 관찰하고 깊이 생각하여 나의 삶 가운데 적용하는 과정입니다.

1. 그리스도인은 _____ 에 이르기를 계속 연습하고 훈련해야 합니다.

   디모데전서 4:7

2. 시편 1편에서 시편의 기자는 어떤 사람이 복이 있는 사람이라고 했습니까?

   시편 1:1,2

3. 하나님께서 가나안 땅의 정복을 시작하는 여호수아에게 주신 평탄과 형통한 삶의 비결은 말씀을 주야로 _____ 하는 것이었습니다.

   여호수아 1:8

4. 하나님의 말씀을 듣는 가장 좋은 시간은 하루 중 _____ 시간입니다.

   시편 143:8

_____

_____

5. 경건의 시간을 가질 때 제일 먼저 해야 할 일은 _____ 입니다.

시편 119:18

_____

_____

6. 경건의 시간을 갖는 5단계는 무엇입니까?

1) 본문을 정독합니다.

2) 묵상합니다.

※ 본문에서 아래의 발견해야 할 요소들을 찾으십시오.

(이 중에 한 가지 혹은 몇 가지를 찾습니다.)

a .새로운 사실

b. 약속하시는 말씀

c. 지키고 순종할 말씀

d. 나의 고쳐야 할 옛 습관과 죄

e .따르고 싶은 삶의 본

f. 하나님은 어떤 분이신가?

3) 기록합니다.

4) 적용합니다.

5) 기도로 마무리합니다.

7. 경건의 시간을 가질 때 주의사항

1) 성경 읽기로 경건의 시간을 대신하지 마십시오.

2) 본문 묵상보다 먼저 참고 해설을 보지 마십시오.

3) 전후 문맥을 잘 살피십시오.

4) 억지로 해석하려 하지 마십시오.

5) 매일 쉬지 말고 하십시오.

6) 본문의 내용을 오해한 적용은 피하십시오.

7) 친구와 함께 나누십시오.

8. '경건의 시간'을 직접 멘토와 함께 해봅시다.

(약 10-15분 정도를 함께 실시합니다. 그 후에 서로 나누도록 합니다.)

본문 : 골로새서 3:12-17

＊ 제목 :

＊ 내용관찰 :

＊ 느낀점 :

＊ 적용 :

＊ 외워쓰기 : 디모데전서 4:7

＊ 은혜의 나눔 : 이 시간에 새롭게 배운 것은 무엇입니까?

_____

_____

_____

＊ 적용 :

1. "나는 (   )시 (   )분에 잠자리에 들고 다음날 (   )시 (   )분에 일어나서 (   )분 동안 (   )에서 경건의 시간을 가질 것을 결심합니다."

2. 이번 주 내가 경건의 시간을 가질 본문은 어디입니까?

_____

_____

_____

➔ **다음 주 과제 :**
1) 경건의 노트 혹은 큐티교재 준비
2) 일주일 동안 한 번 이상 경건의 시간을 가지도록 하십시오. 가능하면 매일하면 좋으나 처음 시작하는 사람은 일주일에 1-3일 정도 하도록 권합니다. 큐티 전체를 10여 줄로 하면 10-15분 정도면 될 것입니다. 갈수록 점점 시간을 늘리면 됩니다.

➔ **기도제목 나누기**

➔ **기도제목을 가지고 함께 기도하기**

➔ **다음 번에 만날 시간과 장소 정하기**

3부

행복한 교회생활 하기

제 **7** 과

교회생활은
어떻게 합니까?

➜ 지난 주간에 있었던 감사했던 일 나누기
➜ 지난 주일 설교에서 받은 은혜 나누기
➜ 지난 주 과제물 나누기
➜ 찬송 부르기 : 찬송가 "내 주의 나라와"

모스크바의 부활교회

　모스크바 근처에서 1,000년 전에 세워진 부활교회를 공산 당원들이 폭파시킨 일이 있었습니다. 흔적도 없이 폭파시켰 습니다. 그런데 폭파시킴과 동시에 예배당이 있던 터에서 생 수가 터져 나왔습니다. 그 물이 얼마나 깨끗하고 맛이 있던 지 나중에는 대주교가 그 샘터에 축복을 했다고 합니다. 공 산당이 무너진 다음에는 도시에 사는 사람들까지 그 물을 사 서 마시게 되었습니다. 그 물 값을 가지고 이전 보다 더 아름 다운 부활교회를 재건하게 되었습니다. 뿐만 아니라 그 샘터 에서 나오는 물 값으로 다른 지역에 흩어지고 무너졌던 성전 들을 세웠습니다. 공산당은 교회를 파괴시켰지만 그곳에서 나온 샘터는 수백 교회를 부활시켰습니다.

　"배에서 생수가 터져 나리라." 우리의 샘터가 마르지 않도 록 해야 합니다. 청결한 양심에서 청결한 생수가 나오게 되 어있습니다. 나뿐만 아니라 다른 사람에게 마시우는 샘물들 이 되시길 바랍니다.

이제 3부에서는 성도의 영적인 가족인 교회생활에 대해 공부합니다. 하나님이 이 땅에 교회를 세우시기 위해 그리스도를 십자가에 희생시키셨습니다. 그래서 교회를 예수님의 몸이라고 합니다. 그리고 성도의 교회생활은 영적 성장의 터전이며 교제의 센터입니다. 교회에 대한 새로운 정립의 시간이 되시기를 바랍니다.

1.교회란 무엇입니까?

1) 교회는 건물이 아니고 그리스도인들의 _____ 입니다.

고린도전서 1:2

_____

_____

2) 예수 그리스도는 교회의 _____ 가 되십니다.

에베소서 1:22,23

_____

_____

3) 교회와 각 성도는 _____ 의 관계입니다.

고린도전서 12:12,27

_____

_____

4) 교회는 베드로의 _____ 위에 세워졌습니다.

　마태복음 16:18-19

_____

_____

_____

2. 그리스도는 교회를 위해 자신의 _____ 을 주셨습니다.

　사도행전 20:28

_____

_____

3. 교회는 무엇에 비유되고 있습니까?

1) 그리스도의 _____

　에베소서 4:12

_____

_____

2) 그리스도의 _____

　고린도후서 11:2

_____

_____

3) 하나님의 _____

　디모데전서 3:15

_____

4) 그리스도의 _____

요한복음 10:11

4. 교회가 해야 할 5대 사명은 무엇입니까?

1) _____ 및 선교의 사명입니다.

사도행전 1:8

2) _____ 의 사명입니다.

요한복음 4:23,24

3) _____ 의 사명입니다.

히브리서 10:24,25

4) _____ 의 사명입니다.

에베소서 4:15

_____

_____

5) _____ 의 사명입니다.

베드로전서 4:11

_____

_____

갈라디아서 6:10

_____

_____

※ **이것이 교회의 기능 5가지입니다 : 예배, 교제, 성장, 사역, 증거**

5.교회에는 주님께서 세우신 직분자들이 있습니다.

1) 사도, 선지자, 복음전하는 자, 목사와 교사

에베소서 4:11

_____

_____

2) _____

베드로전서 5:1-3

_____

3) 집사

디모데전서 3:8, 9

_____

_____

_____

_____

6. 교회에는 그 외에 하나님께서 세우신 직분자들이 있습니다. (자신의 교회에서 찾아보세요)

➡ **교역자(강도사 혹 전도사…)**

- 장로

- 권사, 안수집사

- 서리집사

- 권찰

- 교사

- 구역장(셀 리더), 순장, 목자…

7. 교회에 직분자들을 세워주신 목적은 무엇입니까?

에베소서 4:12

_____

_____

_____

1) 성도를 _____ 하게 하기 위함입니다.

2) _____ 의 일을 하기 위함입니다.

3) 그리스도의 몸을 _____ 기 위함입니다.

∗ 외워쓰기 : 에베소서 1:23

∗ 은혜의 나눔 : 이 시간에 교회에 대해 새롭게 배운 것은 무엇입니까?

_____

_____

∗ 적용 : 우리 교회에 대해 감사할 일 한 가지를 말씀해 보십시오.

_____

_____

➔ 다음 주 과제 : 교회의 유익을 위해 내가 할 수 있는 것 한 가지 실천해보십시오.

➔ 기도제목 나누기

➔ 기도제목을 가지고 함께 기도하기

➔ 다음 번에 만날 시간과 장소 정하기

제**8**과

예배를 어떻게
드립니까?

마음열기

➔ 지난 주간에 있었던 감사했던 일 나누기
➔ 지난 주일 설교에서 받은 은혜 나누기
➔ 지난 주 과제물 나누기
➔ 찬송 부르기: 찬송가 "큰 영화로신 주"

묵상하기

임페리얼 뮤지엄

　오스트리아의 수도 비엔나에 '임페리얼 뮤지엄' 이라고 하는 박물관이 있습니다. 여기에 소장된 그림 한 폭에 대해 소개합니다. 너무나 유명한 이야기를 묘사한 그림입니다. 황제가 성당에 들어가려고 하는데 주교가 문간에 나와 떡 버티고 서서 "못 들어갑니다!"하는 장면을 그린 그림입니다. 그것은 역사적인 일입니다.

　주후 390년에 데살로니가에서 로마의 통제를 반대하는 운동이 있었습니다. 이것을 막기 위해 1,500명을 무참히 학살해버렸습니다. 그 뒤에 데오도시우스 황제가 밀라노를 방문했고, 주일날 예배를 드리러 그곳 성당에 들어가려고 할 때 당시의 교부인 성 암브로시우스가 두 손으로 문을 막고 서서 "못 들어갑니다!"라고 황제에게 말합니다. "왜 못 들어가오?" "당신은 죄인입니다." 그러자 황제는 말합니다. "다윗 왕도 죄인인데…" 암브로시우스는 여기서 유명한 대답을 합니다. "다윗 왕을 모방하십니까? 그러면 다윗처럼 회개를 하셔야지요. 다윗 왕은 회개를 하였습니다. 당신은 회개가 없기에 못 들어갑니다." 딱 막았습니다. 유명한 이야기입니다. 회개하지 않은 죄인, 회개하지 않은 사람은 예배를 드리러 들어갈 수가 없습니다.

　매 주일 주님 앞에 예배하러 나아가십니까? 먼저 지난 주간의 지은 죄들을 자백하고 회개하고 용서함 받고 하나님 앞에 나오시기를 바랍니다. 하나님의 은혜는 회개하는 자에게 주어집니다.

예배는 성도의 신앙생활의 시작이며 끝입니다. 예배를 통해 성도는 하나님께 나아가고 하나님의 은혜 속으로 깊이 들어갑니다. 예배는 신앙생활의 중심이 며 하나님의 기뻐하시는 믿음의 가장 핵심 된 표현입니다. 이번 과를 통해 예 배생활의 의미와 참된 예배를 드리는 신자로 준비되십시다.

1. 예배란 무엇입니까?

"예배란 하나님의 자녀 된 성도들이 신령과 진정으로 마음과 뜻을 다하여 하 나님께 _____ 드리는 행위입니다."

시편 95:6

_____

_____

2. 예배의 목적은 무엇입니까?

1) 하나님께 합당한 _____ 을 올려드리기 위함입니다.

시편 29:2

_____

_____

2) 피조물의 마땅한 행할 바입니다.

시편 150:6

_____

_____

3) 예배하는 자에게 _____ 을 약속하셨습니다.

    열왕기상 3:4,5

    히브리서 4:16

---

3. 우리는 왜 하나님께 예배해야 합니까?

1) 하나님이 예배하는 자들을 _____ 으시기 때문입니다.

    요한복음 4:23

---

2) 열방의 모든 _____ 이 예배자가 되기를 원하시기 때문입니다

    시편 22:27

---

4. 우리는 교회에서 공적으로 정해진 시간에 정해진 _____ 에서 예배해야 합니다.

    시편 5:7

5. 우리는 하나님께 어떻게 예배해야 합니까?

1) _____ 하는 마음으로

시편 51:17

_____

_____

2) _____ 으로

요한복음 4:24

_____

_____

3) _____ 으로

히브리서 13:15

_____

_____

4) _____ 의 마음으로

시편 50:23

_____

_____

5) 정성으로 준비된 _____ 로

신명기 16:16

_____

_____

6) 기쁨과 _____ 으로

역대상 29:9

_____

_____

7) _____ 으로

로마서 12:1

_____

_____

6. 예배자는 아름답고 _____ 것으로 경배해야 합니다.

시편 96:9

_____

예배를 드리는 바른 자세는

1) 의복을 단정히 하고
2) 헌금은 집에서 미리 준비하고
3) 늦지 않게 시간 전에 도착하도록 하고
4) 은혜를 사모하는 마음으로 기도로 준비하고
5) 예배 시 옆 사람과 삽담하거나 공상에 끼지지 않도록 하고
6) 예배가 끝나기 전에 나가지 않도록 합니다.

* **외워쓰기 : 요한복음4:24**

* **은혜의 나눔 :**

1) 이 시간에 예배에 관해 새롭게 배운 것은 무엇입니까?

_____

_____

2) 우리 교회의 주일 예배 중에 가장 은혜로운 시간은 어떤 시간이라고 생각하십니까?

_____

_____

* **적용 : 매 주일 드리는 예배의 준비와 드림에 있어 자신에게 한 가지 고칠 점이 있다면 무엇이며 어떻게 할 것인지 나누어 보십시오.**

_____

_____

끝마무리

➜ 다음 주 과제 : 다음 주에는 우리 교회의 공예배에 다 참석해보시고 느낀 점과 그 결과를 나누어보십 시오.

➜ 기도제목 나누기

➜ 기도제목을 가지고 함께 기도하기

➜ 다음 번에 만날 시간과 장소 정하기

제 **9** 과

성도의 교제는
어떻게 합니까?

마음열기

➜ 지난 주간에 있었던 감사했던 일 나누기
➜ 지난 주일 설교에서 받은 은혜 나누기
➜ 지난 주 과제물 나누기
➜ 찬송 부르기 : 찬송가 "주 믿는 형제들"

묵상하기

나뉘면 죽는다

검은 소, 붉은 소, 얼룩소 세 마리는 언제나 함께 다녔습니다. 사자는 그 소들을 잡아먹고 싶어서 매일같이 기회를 엿보았지만 이세 마리의 소는 언제나 같이 다니면서 한꺼번에 대항하였기 때문에 잡아먹을 수가 없었습니다. 하루는 풀밭에 얼룩소가 따로 떨어져 있을 때 사자는 가까이 다가가서 은근한 목소리로 "세 마리의 소가운데서 가장 힘이 센 것은 자기라면서 붉은 소가 뽐내더라"고 말했습니다. 이 말을 들은 얼룩소는 기분이 좋지 않았습니다. 지금까지 셋이 똑같이 힘을 합해 적과 대항해 싸워왔고, 무슨 일이든지 함께 힘을 합해 도왔는데 붉은 소가 모두 제 힘으로 그렇게 된 것처럼 말을 했다니 불쾌하기 짝이 없었습니다.

사자는 얼룩소에게 이런 거짓말을 해놓고 붉은 소와 검은 소가 있는 데로 가서 묻습니다. "세 마리 가운데서 얼룩소가 제일 기운이 세고 다른 짐승에게 지지 않는 것도 얼룩소 때문이라고 하니, 그게 참말이냐?" 얼룩소의 말이 건방진 소리라고 생각한 붉은 소는 화가 머리끝까지 나서 얼룩소에게 덤벼들었습니다. 얼룩소도 붉은 소가 제일이라고 했다는 말을 들었던 터라 있는 힘을 다해 덤볐습니다. 두 마리 소는 뿔이 빠지도록 싸웠습니다. 이 날부터 세 마리의 소는 함께 놀지 않았고 결국 사자에게 다 잡아먹히고 말았습니다.

이솝의 '세 마리의 소와 사자'라는 이야기입니다. 이 이야기는 "지푸라기가 많으면 코끼리도 묶을 수 있다"라는 영국의 속담처럼, 비록 개개인의 힘은 약하지만 단결하면 강한 힘을 낳는다는 진리를 우리에게 알려주고 있습니다. 이 단결의 힘은 서로 믿고 도우며, 한 가지 공동의 목표를 향해 모두가 참여할 때 더욱 큰 힘으로 나타나게 되는 것입니다.

교회의 가장 큰 특징 가운데 하나는 성도간의 교제입니다. 교제는 단순히 대화하고 사귀는 것 뿐 아니라 더 많은 것을 나누고 영적으로 하나 되는 모든 과정을 말합니다. 이번 주부터 성도님이 소속되어 있는 소그룹 모임에서 나누는 교제들이 더욱 풍성해지기를 기대합니다.

1. 성도의 교제란 어떤 것입니까?

"한 몸 된 성도들이 그리스도 안에서 서로의 _____ 을 통하여 사귀고, 모든 것을 함께 _____ 는 것입니다."

2. 성도가 죄의 유혹으로부터 늘 승리하려면 피차 _____ 해야 합니다.

히브리서 3:13

_____

_____

3. 주의 날이 가까울수록 더욱 힘 쓸 일 세 가지가 있습니다.

히브리서 10:24,25

_____

_____

1) 서로 _____ 보는 것입니다.

"서로 돌아보아…"

2) 사랑과 선행을 _____ 하는 것입니다.

　"…사랑과 선행을 격려하며…"

3) _____ 를 힘쓰는 것입니다.

　"…모이기를 폐하는 어떤 사람들의 습관과 같이 하지 말고 오직 권하여
　그 날이 가까움을 볼수록 더욱 그리하자"

4. 성경은 혼자보다 둘이 낫다고 말씀하시는데 그 이유는 무엇입니까?

1) 철이 철을 날카롭게 하듯 서로가 서로를 돕고 _____ 게 하기 때
문입니다.

　잠언 27:17

_____

_____

2) 어려움이 있을 때 서로 _____ 주기 때문입니다.

　전도서 4:9–12

_____

_____

5. 함께 하는 자들에게 주시는 특별한 은혜들은 무엇입니까?

1) 믿는 자들이 함께 모인 곳에는 주님이 _____ 하십니다.

　마태복음 18:20

_____

_____

2) 지혜로운 자와 동행하면 ＿＿＿＿＿＿＿를 얻습니다.

잠언 13:20

＿＿＿＿＿＿＿＿＿＿＿＿＿＿＿＿＿＿＿＿＿＿＿

＿＿＿＿＿＿＿＿＿＿＿＿＿＿＿＿＿＿＿＿＿＿＿

3) 기도 응답에 대한 특별한 ＿＿＿＿＿＿＿이 있습니다.

마태복음 18:19

＿＿＿＿＿＿＿＿＿＿＿＿＿＿＿＿＿＿＿＿＿＿＿

＿＿＿＿＿＿＿＿＿＿＿＿＿＿＿＿＿＿＿＿＿＿＿

4) 함께 하는 자들에게는 특별한 ＿＿＿＿＿＿＿이 주어집니다.

신명기 32:30

＿＿＿＿＿＿＿＿＿＿＿＿＿＿＿＿＿＿＿＿＿＿＿

＿＿＿＿＿＿＿＿＿＿＿＿＿＿＿＿＿＿＿＿＿＿＿

6. 우리는 어떤 사람들과 함께 교제해야 합니까?

1) 주를 ＿＿＿＿＿＿＿으로 부르는 사람들과 함께 교제해야 합니다.

디모데후서 2:22

＿＿＿＿＿＿＿＿＿＿＿＿＿＿＿＿＿＿＿＿＿＿＿

＿＿＿＿＿＿＿＿＿＿＿＿＿＿＿＿＿＿＿＿＿＿＿

2) 믿지 않는 자와 멍에를 함께 메는 것은 안 됩니다.

고린도후서 6:14

＿＿＿＿＿＿＿＿＿＿＿＿＿＿＿＿＿＿＿＿＿＿＿

＿＿＿＿＿＿＿＿＿＿＿＿＿＿＿＿＿＿＿＿＿＿＿

3) 그러나 친구처럼 교제하고 사귀는 것은 가능합니다.

고린도전서 5:10

---

7. 교제하는 자들이 가질 자세는 무엇입니까?

1) 서로 _____ 하는 마음입니다.

디모데후서 3:14

---

2) _____ 마음을 품는 것입니다.

빌립보서 2:1, 2

---

3) 자기보다 다른 사람을 먼저 배려하는 _____ 한 마음입니다.

빌립보서 2:3

---

4) 다른 사람들을 먼저 _____ 는 마음입니다.

　빌립보서 2:4

＿＿＿＿＿＿＿＿＿＿＿＿＿＿＿＿＿＿＿＿＿＿＿＿＿＿＿

＿＿＿＿＿＿＿＿＿＿＿＿＿＿＿＿＿＿＿＿＿＿＿＿＿＿＿

5) 주님을 닮은 _____ 한 마음입니다.

　마태복음 11:29

＿＿＿＿＿＿＿＿＿＿＿＿＿＿＿＿＿＿＿＿＿＿＿＿＿＿＿

＿＿＿＿＿＿＿＿＿＿＿＿＿＿＿＿＿＿＿＿＿＿＿＿＿＿＿

8. 성도들의 교제를 막는 요소들은 어떤 것들이 있습니까?

1) 다툼이나 _____ 입니다.

　빌립보서 2:3

＿＿＿＿＿＿＿＿＿＿＿＿＿＿＿＿＿＿＿＿＿＿＿＿＿＿＿

＿＿＿＿＿＿＿＿＿＿＿＿＿＿＿＿＿＿＿＿＿＿＿＿＿＿＿

2) 다른 형제를 _____ 하는 일입니다.

　고린도전서 12:21

＿＿＿＿＿＿＿＿＿＿＿＿＿＿＿＿＿＿＿＿＿＿＿＿＿＿＿

＿＿＿＿＿＿＿＿＿＿＿＿＿＿＿＿＿＿＿＿＿＿＿＿＿＿＿

3) 불평과 _____ 하는 마음입니다.

　고린도전서 10:10

＿＿＿＿＿＿＿＿＿＿＿＿＿＿＿＿＿＿＿＿＿＿＿＿＿＿＿

＿＿＿＿＿＿＿＿＿＿＿＿＿＿＿＿＿＿＿＿＿＿＿＿＿＿＿

4) _____ 하는 마음입니다.

  히브리서 3:12,13

_____

_____

_____

5) _____ 을 짓는 행위입니다.

  고린도전서 3:4

_____

_____

6) _____ 을 사랑하는 마음입니다.

  요한일서 2:15

_____

_____

7) 형제를 _____ 하지 못하는 마음입니다.

  에베소서 4:32

_____

_____

8) _____ 마음입니다.

  로마서 15:1

_____

_____

끝마무리

→ 다음 주 과제 : 교회의 교제를 위한 모임에 3개월 내에 꼭 한 번 참석하기(예-남여전도회, 선교회, 운동, 취미그룹 등)

→ 기도제목 나누기

→ 기도제목을 가지고 함께 기도하기

→ 다음 번에 만날 시간과 장소 정하기

제 **10** 과
어떻게
섬겨야 합니까?

마음열기

➡ 지난 주간에 있었던 감사했던 일 나누기
➡ 지난 주일 설교에서 받은 은혜 나누기
➡ 지난 주 과제물 나누기
➡ 찬송 부르기 : 찬송가 "나 맡은 본분은"

묵상하기

남에게 대접을 받고자 하는대로

아브라함 링컨이 어렸을 때 뉴올리언스라고 하는 노예시장에 가서 구경한 일이 있었습니다. 그때만 하더라도 미국에서는 아프리카에서 흑인들을 싼 값에 사다가 미국 사람들에게 노예로 팔고 사던 때였습니다. 그래서 노예시장에서는 우리나라 우시장(牛市場)과 같이 그냥 다른 물건 사고파는 것처럼 흑노들을 흥정해서 사고팔고 했습니다. 그런데 이 광경을 어린 링컨이 직접 보았습니다. 한 가족인데 아버지가 어느 집으로 팔려가고, 어머니는 다른 집으로 팔려가고, 큰 딸은 또 다른 집의 노예로 팔려 갑니다. 그는 그 비참한 광경을 보고 잊을 수가 없었습니다. 비록 얼굴은 까맣고 공부는 하지 못했지만, 인정이야 다르겠습니까? 아버지, 어머니, 딸이 각각 헤어져서 다른 집에 갈 수밖에 없는 상황에 이르게 될 때 서로 목을 껴안고 떨어지지 않겠다고 그렇게 흐느껴 울다가 강제로 분산되는 광경을 아브라함 링컨이 친히 보았습니다.

아브라함 링컨은 어린 시절에 이런 광경을 보고 그때부터 그 광경이 그의 머리에서 떠나지를 않았습니다. '만일에 내가 저 자리에 있으면 어떤 대접을 받기 원할까? 그 대접을 저 흑노들에게 해야만 하겠는데, 그와 같이 하려면 저 사람들도 나와 같이 자유스러운 사람이 되게 하지 아니하면 안 되겠다는 굳은 결심을 하게 되 것입니다. 내가 그 사람의 처지라면 어떤 대접을 받기 원하겠는지 그 대접을 생각해서 다른 사람을 대접할 수 있는 그런 마음이 필요한 것입니다.

"그러므로 무엇이든지 남에게 대접을 받고자 하는 대로 너희도 남을 대접하라 이것이 율법이요 선지자니라." 마태복음 7:12

하나님께서는 우리를 하나님의 자녀로 불러주시고 섬김의 자리로 부르셨습니다. 우리의 섬김의 사명은 가까이로는 하나님과 교회를 섬기고 멀리는 이웃과 세상을 섬기는 것입니다. 이번 과를 통해 진정한 섬김의 의미를 깨닫고 주님의 섬김의 본을 따르는 여러분이 되시기를 바랍니다.

1. 예수님이 이 땅에 오신 중요한 두 가지 목적이 있습니다.

마가복음 10:45

_____

_____

    1) 자기 목숨을 많은 사람의 _____ 로 주시기 위함입니다.

    2) 다른 사람을 _____ 기 위함입니다.

2. 천국에서는 _____ 는 자가 큰 자이며 높은 자입니다.

마태복음 23:11,12

_____

_____

_____

3. 다른 사람을 섬길 때의 자세는 어떠해야 합니까?

1) _____으로 해야 합니다.

   고린도전서 13:3

   _____

   _____

2) _____으로 해야 합니다.

   빌립보서 2:17

   _____

   _____

3) _____으로 해야 합니다.

   빌립보서 2:3

   _____

   _____

4) 부지런히 _____을 품고 해야 합니다.

   로마서 12:11

   _____

   _____

5) _____으로 해야 합니다.

   베드로전서 5:2

   _____

   _____

4. 우리가 이웃에게 베푼 선행의 결과는 무엇입니까?

  1) _____ 에게 직접 해드린 것과 같습니다.

      마태복음 25:40

---

  2) 하나님께 _____ 이 돌려지게 됩니다.

      마태복음 5:16

---

5. 일터에서 일할 때 우리는 _____ 에게 하듯 해야 합니다.

      에베소서 6:5-7

---

  1) _____ 한 마음으로 해야 합니다.

  2) 육체의 상전에게 그리스도께 하듯 _____ 해야 합니다.

  3) _____ 으로 해서는 안됩니다.

  4) _____ 으로 주를 섬기듯 해야 합니다.

6. 성도를 섬길 때 피해야 할 것은 무엇입니까?

1) _____ 이 없어야 합니다.

   야고보서 5:9

_____

_____

2) _____ 가 없어야 합니다.

   빌립보서 2:14

_____

_____

3) _____ 하지 말아야 합니다.

   갈라디아서 6:9

_____

_____

7. 성도와 이웃을 무엇으로 섬길 수 있습니까?

1) _____ 로

   누가복음 2:37

_____

_____

2) _____ 으로

   디모데후서 4:2

_____

3) 각종 _____ 로

　고린도전서 12:4,11

4) 소유와 _____ 로

　누가복음 8:3

5) 기타 여러 _____ 로

　디모데후서 1:18

8. 포도나무의 가지인 우리의 사명은 _____ 를 많이 맺는 일입니다.

　요한복음 15:2,5

9. 우리의 섬김과 봉사에 대해 주님은 _____을 약속하셨습니다.

요한계시록 22:12

_____

_____

＊ 외워쓰기 : 마가복음 10:45

＊ 은혜의 나눔 : 이 시간에 다른 사람을 섬기는 삶에 대해 새롭게 배운 것은 무엇입니까?

_____

_____

＊ 적용 : 당신이 성도를 위해 섬겨야 할 작은 섬김은 있다면 어떤 것입니까?

1) 교회 :

_____

_____

2) 성도 :

_____

_____

끝마무리

→ 다음 주 과제 : 이웃을 위해 할 수 있는 한 가지 섬김을 실천하고 적어 오기 (예: 동네의 휴지 줍기, 직장, 학교 등에서 베풀 수 있는 작은 선행…)

→ 기도제목 나누기

→ 기도제목을 가지고 함께 기도하기

→ 다음 번에 만날 시간과 장소 정하기

어떻게
드려야 합니까?

마음열기

→ 지난 주간에 있었던 감사했던 일 나누기
→ 지난 주일 설교에서 받은 은혜 나누기
→ 지난 주 과제물 나누기
→ 찬송 부르기: 찬송가 "아 하나님의 은혜로"

묵상하기

록펠러의 십일조 생활

세계적인 재벌 록펠러는 과거 100만 달러의 십일조를 드리는 사람이었습니다. 그는 "만일 내가 처음에 교회에 갔을 때, 이 말씀을 듣고 그 당시 내 월급 6달러에서, 십일조 60센트를 천국 밭에 심지 않았다면, 내가 오늘 100만 달러를 십일조로 드릴 수 없었을 것이다"라고 간증하였습니다.

어린 시절 록펠러는 가난한 집에서 태어나, 학교도 못 다녔습니다. 남의 집에 가서 점원 일을 하면서, 하루는 교회에 가서 설교를 듣는데 "십일조란 축복의 씨앗을 하늘나라 농장에 심는 것이라"는 말씀을 들었습니다.

이때 그는 큰 감동을 받았습니다. 그래서 그는 하나님의 말씀을 순종하기로 했습니다. 당시 쥐꼬리만한 월급 6달러를 받았는데 그 중에서 십일조를 떼서 드렸습니다. 60센트는 당시로도 적은 액수였지만 그는 그때부터 하나님의 말씀에 순종했습니다.

하나님은 액수가 아니라 말씀대로 순종하는가를 보십니다. 그 순종의 결과로 세계 사람들이 부러워하는 사람이 되었습니다. 말씀대로 순종하여 심은 대로 거두시기 바랍니다.

하나님께서는 우리를 하나님의 자녀로 불러주시고 섬김의 자리로 부르셨습니다. 우리의 섬김의 사명은 가까이로는 하나님과 교회를 섬기고 멀리는 이웃과 세상을 섬기는 것입니다. 이번 과를 통해 진정한 섬김의 의미를 깨닫고 주님의 섬김의 본을 따르는 여러분이 되시기를 바랍니다.

1. 성경은 우리의 모든 소유는 본래 _____ 의 것이라고 말씀하고 있습니다.

신명기 10:14

_____

_____

학개 2:8

_____

_____

2. 마태복음 6:19,20에 의하면 우리는 재물을 누구를 위하여 어디에 쌓아두라고 했습니까?

마태복음 6:19,20

_____

_____

1) 우리 _____ 을 위해

2) _____ 에 쌓아두라

3. 이 땅에서 소유하고 있는 재물에 대해 우리는 _____ 의 책임이 있습니다.

누가복음 19:17

_____

_____

4. 헌금은 어떤 자세로 드려야 합니까?

1) _____ 마음으로 드려야 합니다.

출애굽기 25:2

_____

_____

2) 미리 _____ 하여야 합니다.

고린도후서 9:5

_____

_____

3) _____ 을 버려야 합니다.

고린도후서 5:8

_____

_____

5. 성경적인 헌금의 5대 원리는 무엇입니까?

1) _____ 는 것이 받는 것보다 더 복이 있습니다.

사도행전 20:35

_____

_____

2) _____ 익은 열매로 여호와를 공경해야 합니다.

잠언 3:9,10

_____

_____

3) _____ 대로 거두는 원리입니다.

고린도후서 9:6

_____

_____

4) _____ 에 정한 대로 하며 인색함으로 해서는 안 됩니다.

고린도후서 9:7

_____

_____

5) 드리는 자에게 넘치도록 주십니다.

누가복음 6:38

_____

_____

6. 하나님께 드려야 할 최소한의 헌금은 _____ 입니다.

말라기 3:9,10

_____

_____

_____

7. 물질로 다른 사람을 섬겼을 때 _____ 제물이 되었습니다.

빌립보서 4:18, 19

_____

_____

_____

8. 주님은 우리의 드리는 헌금에 깊은 _____ 을 가지고 계십니다.

마가복음 12:41,44

_____

_____

_____

＊ 외워쓰기 : 잠언 3:9

* 은혜의 나눔 : 이 시간에 하나님께 드리는 삶에 대해 새롭게 배운 것은 무엇입니까?

_____

_____

_____

* 적용 :

1) 그 동안의 나의 헌금생활은 어떠했습니까?

_____

_____

_____

2) 앞으로 헌금생활을 어떻게 새롭게 실천하겠습니까?

_____

_____

_____

끝마무리

➔ 다음 주 과제 : 하나님께 최선의 정성으로 준비하여 헌금을 드린 후에 그 결과를 나누어보기

➔ 기도제목 나누기

➔ 기도제목을 가지고 함께 기도하기

➔ 다음 번에 만날 시간과 장소 정하기

제 **12** 과
어떻게
전해야 합니까?

→ 지난 주간에 있었던 감사했던 일 나누기
→ 지난 주일 설교에서 받은 은혜 나누기
→ 지난 주 과제물 나누기
→ 찬송 부르기: 찬송가 "온 세상 위하여"

아는 사람이 모르는 사람에게

독일의 한 신학교에서 실제 있었던 이야기입니다. 설교학 시간에 실습을 하게 되었습니다. 신학교 채플에 모여서 이쪽에 교수님 앉아 계시고 신학생들 죽 앉아서 한 학생씩 나와서 실습을 하게 되는데 얼마나 떨리겠습니까?

한 학생이 올라왔습니다. 그런데 열심히 기도하고 준비했는데 막상 올라와 교수님 얼굴을 보니까 준비한 내용이 하나도 기억나지 않는 것입니다. 그래서 "여러분 제가 무슨 말씀을 하려는지 아시겠습니까?" 하고 물었습니다. 그러니 학생들이 "아니요 모르겠는데요" 하니 여러분이 모르는데 제가 어떻게 알겠습니까? 하고는 그냥 내려가 버렸습니다. 교수님이 "아니 무슨 설교가 그러냐? 내일 다시 준비하라"고 하셨습니다. 그 다음날 다시 섰습니다. 그런데 또 생각이 나지 않는 것입니다. 그래서 "여러분 제가 무슨 말을 하려는지 아시겠습니까?" 하니 학생들이 막 웃으며 "예, 압니다." "그래요? 아신다니까 할 필요가 없겠군요" 하면서 그냥 또 내려가 버렸습니다. 그러니 교수님이 막 화를 내면서 내일 다시 하라 하셨습니다. 그런데 마찬가지였습니다. 올라가니 생각나지 않았습니다. 여러분 내가 무슨 말을 하려는지 아시겠습니까? 하니 한 쪽에선 "예 알겠습니다" 하고 다른 한 쪽에선 "아니요, 모르겠습니다" 합니다. 그래서 "아시는 분이 모르시는 분에게 알려주세요" 하고 내려갔답니다.

그러니까 교수님이 "이같이 단순하고 명쾌한 전도 설교를 들어본 적이 없다"하시며 크게 칭찬했답니다. 이것이 이 학교의 전도 구호가 되었답니다. "예수를 아는 사람이 모르는 사람에게 예수를 전해 주자!" 얼마나 멋진 말입니까? 전도는 아는 사람이 모르는 사람에게 전해주는 것입니다.

하나님께서 우리에게 주신 사명 가운데 가장 큰 것이라면 그것은 복음을 증거하는 증인의 삶입니다. 이 사명은 다른 것으로 대신할 수 없고 또한 축소할 수 없습니다. 이 일을 위해 주님이 이 땅에 오셨고 본을 보여 주셨으며 주의 모든 제자들 또한 이 사명을 감당하다가 주님의 나라로 부르심을 입었습니다.

1. 하나님께서 우리를 구원하신 목적은 주님의 아름다운 덕을 _____ 하도록 하기 위함입니다.

베드로전서 2:9

_____

_____

2. 주님은 승천하실 때 제자들에게 _____ 를 삼으라는 마지막 명령을 남기셨습니다.

마태복음 28:19,20

_____

_____

3. 우리의 복음전파의 지역은 _____ 입니다.

마가복음 16:15

_____

_____

사도행전 1:8

_____

_____

4. 우리는 왜 그리스도를 전해야 합니까?

1) 예수 그리스도를 _____ 야 영생이 있기 때문입니다.

요한복음 3:36

_____

_____

2) 세상 사람들은 잃어버린 _____ 이기 때문입니다.

누가복음 15:4

_____

_____

3) 세상 사람들은 잃어버린 _____ 이기 때문입니다.

누가복음 15:24

_____

_____

4) 큰 _____ 이 약속되어 있기 때문입니다.

다니엘 12:3

_____

_____

5. 바로 _____ 이 전도하기에 가장 좋은 시기입니다.

요한복음 4:35

_____

_____

6. 전도할 때는 _____ **를 버리는 자세가 필요합니다.**

　　요한복음 4:28

_____

_____

7. 전도자를 위한 5단계 전도법

　1) 당신은 누구입니까?

　　로마서 3:23

_____

_____

　2) 당신은 어디로 갑니까?

　　히브리서 9:27

_____

_____

　　요한계시록 21:8

_____

_____

　3) 당신의 해결책은 무엇입니까?

　　사도행전 4:12

_____

_____

4) 하나님의 해결책은 무엇입니까?

　　요한복음 3:16

_____

_____

_____

5) 당신의 결단은 무엇입니까?

　　요한복음 1:12

_____

_____

8. 전도 시 주의사항

　1) 가능하면 동성(同性)에게 전합니다.

　2) 믿게 하시는 분은 성령님이시므로 성령께 간절히 의지합니다.

　3) 상대방과 논쟁하지 마십시오.

　4) 전도 시 둘씩 짝을 이루면 효과적입니다.

　5) 상대방에게 예의를 지키십시오.

　6) 상대방을 사랑하는 마음을 가지십시오.

9. 이웃을 주님께 인도하는 6단계

● 1단계 : 하나님 사랑을 이웃에게 _____ 합니다. (다수를 대상으로)

　마태복음 5:16

_____

_____

● 2단계 : 불신 이웃을 _____ 로 삼습니다. (소수를 대상으로–관계전도)

　고린도전서 5:10

_____

_____

_____

● 3단계 : '예비신자' 로 삼습니다.

　요한복음 1:38,39

_____

_____

_____

● 4단계 : _____ 합니다.

　베드로전서 3:15

_____

_____

● 5단계 : 교회 _____ 에 초청합니다.

　요한복음 1:46

_____

_____

_____

● 6단계 : 주일예배 혹은 전도집회에 초청합니다.

요한복음 4:28

_____

_____

＊ **외워쓰기 : 마태복음 28:19**

＊ **은혜의 나눔 : 이 시간에 전도에 대해 새롭게 배운 것은 무엇입니까?**

_____

_____

＊ **적용**

아직 믿지 않는 이웃들에게 어떻게 접근하여 친구로 삼으시겠습니까?

_____

_____

※ 예비신자란? 예비신자는 아는 사람을 전도하기 위해 마음에 작정하고 기도하는 사람
을 말합니다.

➜ 다음 주 과제 :
1) 위의 전도 6단계에 따라 아는 사람이나 친구를 교회에 초청할 계획을 세워 적어오도록 합니다. (예: 누구를 언제까지 어떤 방법으로 준비하며 어떻게 교회에 초청하도록 하겠다…)
2) 그동안 받았던 멘토링 12주 과정에 대한 소감문을 다음 주에 A4 용지 한 면 분량으로 적어 오십시오. 멘토에게 제출해주시고 멘토는 교회에 담당부서로 제출해주시기 바랍니다.

➜ 기도제목 나누기

➜ 기도제목을 가지고 함께 기도하기

➜ 다음 번에 만날 시간과 장소 정하기

소감문 작성법

1) 멘토링 양육을 하기 전의 내 모습, 상태는 어떠했나요?
2) 멘토링 양육을 받으면서 배운 점, 깨달은 점, 감사할 점은?
3) 멘토링 양육을 받으면서 내가 변화된 것은 무엇인가요?

" 그동안 성실히 출석하고 멘토와 함께
이 멘토링 양육과정에 동참해주심을 감사드립니다. "

일대일 양육을 위한 멘토링 12주 양육교재 멘티용

2014년 3월 15일 초판 1쇄 발행

지은이 | 박 건
펴낸곳 | 멘토링목회연구원
편집 및 디자인 | 호산나미디어

출판등록 | 제979-11-952169호
주소 | 경기도 의왕시 경수대로 391번길 7
전화 | 031-453-0091

ⓒ 박 건, 2014

ISBN 979-11-952169-0-1

값 4,000원

이 도서의 국립중앙도서관 출판시도서목록(CIP)은
서지정보유통지원시스템(http://seoji.nl.go.kr)과
국가자료공동목록시스템(http://www.nl.go.kr/kolisnet)에서
이용하실 수 있습니다.(CIP제어번호: 2014007315)